AF348157

NOTICE

SUR LES TRAVAUX SCIENTIFIQUES

DE

M. Hubert BOURGIN

Professeur au Lycée Louis-le-Grand

Docteur ès lettres, Docteur en droit

1912

Cette notice est historique et analytique : elle suit l'ordre des travaux de M. Hubert Bourgin, de l'année 1899 à l'année 1912.

1899-1900.

Élève à l'École normale supérieure de 1895 à 1898, M. Hubert Bourgin est reçu en 1898 agrégé des lettres avec le numéro 1. Mais s'il choisit pour l'enseignement l'ordre des lettres, qui permet une grande liberté de travail et de pensée, il choisit dès lors, pour ses recherches personnelles, l'ordre des sciences sociales et économiques. Dans le cours des années 1899 et 1900, il publie dans la *Grande Encyclopédie* les articles *Paupérisme* (en collaboration avec M. Fr. Simiand), *Phalanstère Proudhon, Syndicat*, etc., qui marquent sa spécialisation comme économiste et comme historien des doctrines. Comme ses premiers articles, ses publications ultérieures se diviseront en deux groupes : les unes seront relatives aux doctrines sociales, les autres se rapporteront à la science économique.

1901.

Dans son *Proudhon*, in-16, M. Bourgin se propose d'analyser une œuvre énorme pour en préparer la compréhension. Il étudie l'homme, l'œuvre, le bilan du théoricien et son influence.

Il montre ce que Proudhon a détruit ou rejeté des doctrines antérieures, ce qu'il en a retenu, ce qu'il a créé de lui-même, ce qu'il a transmis à ses successeurs. Il montre quelle a pu être l'influence de Proudhon sur l'Internationale, sur la Commune, sur le socialisme. Cette étude est l'une des premières, et peut-être la première de celles qui, depuis dix ans, ont rappelé sur Proudhon l'attention du public savant et même du grand public.

La même année, M. Bourgin commence de collaborer à l'*Année sociologique* (*1ʳᵉ Année*), pour les parties relevant de la science économique. Cette collaboration ne sera pas interrompue désormais.

1902.

Dans la *5ᵉ Année*, M. Bourgin analyse d'importants ouvrages relatifs à l'organisation des formes et des régimes économiques, notamment ceux de M. Doren sur l'*Économie florentine du moyen âge*, de M. Jenks sur les *Trusts*, de M. Maas sur l'*Influence du machinisme dans la menuiserie et l'ébénisterie en Allemagne*, de M. Petrenz sur la *Division du travail*, de M. Guiraud sur la *Main-d'œuvre industrielle dans la Grèce antique*, de M. Vandervelde sur la *Propriété foncière en Belgique*. Ces analyses, qui recueillent et mettent en lumière un nombre considérable de faits et d'idées, indiquent aussi les lignes directrices d'une étude générale, d'une classification et d'une interprétation nouvelle des faits.

1903.

En 1903, M. Bourgin publie un volume d'*Extraits de Fourier*, in-16, classés méthodiquement.

— 5 —

Il analyse dans l'*Année sociologique* le tome I du *Cours
d'économie politique* de M. Colson et de nombreux ouvrages
relatifs aux trusts, à la coopération, à l'artisanerie, aux asso-
ciations professionnelles, à la législation sociale.

1904.

L'année suivante, il publie dans la *Revue d'histoire moderne
et contemporaine*, sous le titre de *L'histoire économique de
la France de 1800 à 1830*, un article où il expose l'état des travaux et les questions à traiter. Il y montre que les problèmes
posés par l'économie politique ne peuvent être résolus sans un
travail préalable, étendu et méthodique, de recherches historiques. Les historiens, qu'il convie à ce travail, ne peuvent le
mener à bien sans se tenir exactement au courant des problèmes que pose l'économie politique ; leur tâche est subor-
donnée à l'application d'une méthode rigoureuse, à la définition précise des faits, et même à la classification des sujets et
des questions, telle que la science économique l'a faite ou
entreprise. Il indique cette classification, et il montre comment
l'histoire économique pourra être renouvelée par des efforts
précis et coordonnés.

La même année, entre autres comptes rendus, notamment
de traités généraux d'économie politique et d'ouvrages relatifs aux cartells, aux trusts, aux métiers, à la statistique
industrielle, M. Bourgin publie dans l'*Année sociologique* une
importante analyse du livre de M. David, *Sozialismus und
Landwirtchaft*, et il examine à ce propos les questions de la
production, de la division du travail, du machinisme, de la
coopération dans l'agriculture.

1905.

En 1905, M. Bourgin est reçu docteur ès lettres (mention *très honorable*) avec deux thèses sur les *Sources de Fourier* et sur *Fourier* (réunies en 1 volume sous le titre de *Fourier*, in-8°).

Dans sa thèse complémentaire, M. Bourgin étudie une question de sources : par une analyse rigoureuse des conditions de la transmission et de la filiation des idées, il détermine l'originalité et la documentation exacte de son auteur ; il définit, parmi les théoriciens contemporains et antérieurs, ses origines doctrinales. Il montre comment la pensée de Fourier s'explique par des conditions générales d'éducation et de milieu, par l'influence de l'opinion environnante, par les facteurs généraux de l'évolution contemporaine.

Dans sa thèse principale, M. Bourgin se propose de contribuer, par une œuvre absolument critique, impartiale et complète, à l'étude des doctrines sociales du xixe siècle. Il estime en effet que, relativement à ces doctrines, l'ère des polémiques est passée et que le moment est venu des jugements scientifiques et des évaluations positives. Choisissant l'une des plus importantes, celle de Fourier, il l'analyse, pour la comprendre, dans ses éléments constitutifs. Il en expose les conditions dans une étude, non seulement de la vie, de l'expérience et des procédés mentaux de l'auteur, mais aussi des différents milieux qui ont pu agir sur lui et déterminer sa pensée. Il explique la préparation de l'œuvre et en retrace l'histoire. Dans une partie centrale, il expose la doctrine : méthode, critique, principes généraux, système, voies et moyens de réalisation. Enfin, il montre l'action de Fourier sur le public, sur le socialisme, sur son école, et, par son école, sur les générations contemporaines et sur l'évolution sociale au xixe siècle. Pour cette démonstration, il rassemble dans chacune des parties de son étude tous les éléments documentaires qui se rapportent aux questions posées ; il constitue toute une histoire du fouriérisme, toute une histoire des rapports du fouriérisme et du socialisme ; il fournit, pour l'étude de ces questions et des questions connexes, un instrument de travail indispensable. Dans sa conclusion, il détermine les résultats de l'action de Fourier et de son école et la valeur propre de sa doctrine dans l'ensemble des doctrines sociales du xixᵉ siècle.

La même année, M. Bourgin publie dans l'*Année sociologique* les comptes rendus de plusieurs ouvrages sur la situation des ouvriers en France et en Allemagne.

Il y publie aussi un mémoire original de 117 pages sur l'*Industrie de la boucherie à Paris au XIXᵉ siècle*. Pour retracer l'évolution d'une *forme d'industrie* dans ses traits généraux et caractéristiques, M. Bourgin a choisi la boucherie en raison de son importance et de la valeur des données qui la concernent ; la limitation à Paris et au xixᵉ siècle a été déterminée par des raisons de méthode qui mettent en évidence le caractère typique et démonstratif de l'exemple choisi. L'auteur étudie successivement, au moyen des documents officiels, des statistiques générales et locales, des annuaires spéciaux, des travaux publiés, les variations du nombre et de la grandeur des établissements, les phénomènes de spécialisation dont la boucherie est le siège, les variations de sa fonction. Ses conclusions sont fondées sur la discussion critique des sources, sur l'interprétation des documents historiques et statistiques, sur l'évaluation des variations relatives, distribuées en séries et traduites en graphiques, sur l'étude de la répartition de l'industrie sur le territoire de Paris. Elles établissent que le nombre des établissements varie en fonction de la consommation, que la distribution locale de la population agit comme une cause de différenciation, que l'industrie se concentre dans de grands établissements en restant dispersée dans de petits établissements hétérogènes, que la spécialisation, la division et l'association du travail varient sous la pression des besoins de la consommation et corrélativement aux transformations de la fonction industrielle.

1906.

Ce mémoire est suivi d'un livre sur l'*Industrie de la boucherie dans le département de l'Oise au XIX*e *siècle*, composé d'après des recherches et des enquêtes locales, et présenté comme thèse à la Faculté de droit de Paris. M. Bourgin y analyse la forme, la matière, le régime et la fonction de l'industrie, et il examine en quelle mesure les caractères de la « petite industrie » définie par lui peuvent dépendre du statut administratif, de la population, de la consommation, de la localité. Cette petite industrie est déterminée dans son développement par des causes extrinsèques, d'où il faut exclure l'action administrative et, en général, la quotité de population : restent la consommation et la localité, dont l'auteur estime la valeur déterminante.

Dans la 9e *Année sociologique*, M. Bourgin analyse, entre autres, les ouvrages de H. Levy sur l'*Exploitation agricole en Angleterre*, de Stillich sur la *Sidérurgie*, de Lang sur le *Machinisme*, de Bringmann sur les *Syndicats des charpentiers allemands*.

1907.

Dans la 10e *Année*, il étudie les ouvrages publiés sur les régimes et les formes de la production, notamment ceux de Pope sur l'*Industrie du vêtement à New-York*, de Frahne sur les *Industries textiles de la Silésie*, de H. Levy sur l'*Industrie de l'acier aux États-Unis*, d'Aftalion sur *La Fabrique et le tra-*

— 9 —

vail à domicile, de Riesser et de Jeidels sur les *Banques alle-
mandes*. Par ces analyses, où il insiste sur la méthode, sur la
documentation, sur la classification, sur la définition des no-
tions et des faits, M. Bourgin constitue les cadres et la matière
d'un enseignement économique.

1908.

Un article publié dans la *Revue d'économie politique* sous le
titre d'*Une expérience sociologique* vérifie les conclusions des
travaux antérieurs sur la boucherie et les complète par la
considération des facteurs de prix. M. Bourgin y montre
comment, de la complexité des faits économiques et de leurs
conditions, se dégagent la simplicité et la généralité des causes
réelles de ces faits, déterminées *a posteriori* par une méthode
positive. Ces causes sont des motifs d'ordre humain, qui relè-
vent, en somme, d'une étude psychologique tout objective.

1909.

Dans une série d'articles parus dans la *Révolution de 1848*,
et recueillis en volume sous le titre de *Victor Considerant, son
œuvre*, in-8º, M. Bourgin étudie l'œuvre de ce théoricien et il
explique les conditions de son action. Il examine le disciple
de Fourier, le chef d'école, l'homme politique, et détermine par
les circonstances précises de sa vie les caractères et les variations de sa conduite et de sa pensée. Il interprète et définit sa
doctrine propre, et la situe dans l'ensemble des doctrines
contemporaines ; il en montre la signification réelle, la valeur
personnelle et la valeur représentative.

1910.

Dans le tome XI de l'*Année sociologique* (1906-1909), M. Bourgin étudie, entre autres ouvrages, ceux de Hartig sur la *Terminologie industrielle*, de Preyer sur l'*Industrie sucrière en Russie*, de Macrosty sur les *Trusts dans l'industrie anglaise*, de Steinitzer sur les *Sociétés par actions*, de Brauns, Greif, Fromm, Heymann sur les *Industries de la soie*, du *tricotage*, de la *menuiserie*, du *tabac* en Allemagne, de Müllner sur l'*Histoire du fer en Autriche*.

1911.

Un article publié par la *Revue de métaphysique et de morale*, abordant un problème capital par une voie nouvelle d'analyse, présente des *Réflexions sur la notion et sur quelques fonctions de l'État*. M. Bourgin y montre comment la notion de l'État, dans sa complexité actuelle, ne peut être élucidée et comprise qu'à la condition d'être étudiée historiquement, par une série d'observations méthodiquement conduites sur divers types de sociétés définies. Il s'agit d'expliquer les différentes conditions sous lesquelles cette notion se forme et se transforme, à mesure que les fonctions mêmes de l'État, dans leur incessante mobilité, varient en raison des besoins des groupes sociaux et de leurs moyens d'action. M. Bourgin montre par des exemples, qui se rapportent à la représentation et à la protection par l'État des producteurs ou des consommateurs, comment et en quel sens le problème peut être résolu.

Dans un volume sur *Le socialisme et la concentration industrielle*, in-16, M. Bourgin confronte avec les faits les thèses socialistes du désordre économique, de la concentration industrielle, de la révolution sociale. Préalablement, il élucide les questions et les problèmes impliqués par ces thèses : problèmes de l'ordre et du désordre social, du développement économique, de l'organisation de l'économie ; questions diverses relatives au régime et à la forme des industries. Il montre quelles règles de méthode s'imposent au traitement de ces questions et de ces problèmes. Ensuite, il étudie et mesure, par les données de la statistique, la concentration de l'industrie dans les différents pays ; il en définit les caractères généraux. Puis, après avoir déterminé chronologiquement la succession des faits et établi la généralité des phénomènes de concentration, il définit, par l'extension et l'amplitude des faits, par le développement de la technique, par le type de la structure, par l'homogénéité, les caractères de la concentration contemporaine. Enfin, il montre que ces faits et l'évolution où ils sont compris ne peuvent devenir intelligibles que s'ils sont définis par moments, par phases et par espèces ; il montre qu'aucune thèse doctrinale ne peut avoir quelque valeur que si elle repose sur une étude complète, impartiale et méthodique des faits.

Dans l'*Industrie de la boucherie à Paris pendant la Révolution* (*Bibliothèque d'histoire de Paris*, publiée sous les auspices du service de la Bibliothèque et des Travaux historiques de la Ville), M. Bourgin reprend, pour une période d'intense activité économique et politique, l'histoire de l'industrie déjà étudiée par lui. Il analyse en détail, d'après les publications officielles, d'après les travaux des techniciens et des économistes, et surtout d'après les documents d'archives, les faits de spécialisation, les variations de grandeur et de distribution locale, le régime de l'industrie. Dans des conclusions étendues, il montre la portée des résultats acquis, qui peuvent servir à l'interprétation du développement des industries contemporaines et, plus généralement, de l'évolution industrielle dans les temps modernes. Il montre comment la réglementation économique, dans ses oscillations, dépend des habitudes sociales, et comment l'action de l'État se transforme suivant les éléments qu'il représente. D'autre part, les groupes économiques, divers dans leur organisation, ont une capacité de volonté et d'activité qui varie selon les conditions mêmes de la vie économique et dont on peut mesurer les alternatives. Leur psychologie, ainsi interprétée, permet d'analyser et de comprendre les faits de concurrence et de monopole et les variations corrélatives des institutions. Enfin, confirmant des conclusions antérieures, M. Bourgin montre comment les variations de la population, de la consommation et des prix agissent sur les transformations de l'industrie et des institutions connexes.

1912.

Actuellement est sous presse le tome Ier d'un ouvrage en 3 volumes in-8° sur *Les Patrons, les Ouvriers et l'État (Le régime de l'industrie en France de 1814 à 1830)*, en collaboration avec M. Georges Bourgin. Cet ouvrage, recueil de documents des Archives nationales, avec notes, sera précédé d'une *Introduction* qui analysera les sources, exposera les principes et le détail de la législation industrielle sous la Restauration, et expliquera méthodiquement le sens des rapports entre les patrons, les ouvriers et l'État. La nature des documents, inédits et importants, permettra le développement d'une interprétation nouvelle et complète de ces rapports et de l'organisation économique qu'ils impliquent.

Cette publication sera suivie d'une autre publication sur l'industrie sidérurgique pendant la Révolution, faite avec la même collaboration et au nom de la *Commission de recherche et de publication des documents relatifs à la vie économique de la Révolution*. Le premier volume, qui doit paraître prochainement, a pour sujet l'*Industrie sidérurgique au début de la Révolution*. Il est établi d'après la grande enquête de 1788-1789, d'après les documents rétrospectifs de celle de 1811, et d'après les dossiers des établissements conservés aux Archives nationales. Il sera continué par d'autres volumes qui conduiront l'histoire de l'industrie sidérurgique jusqu'aux statistiques préfectorales de l'an IX et des années suivantes. Cette publication, où l'on trouvera tous les renseignements fournis par les sources contemporaines sur la situation, la consistance, l'historique des établissements, la production, les matières premières, le rendement, les prix, la main-d'œuvre, les salaires, la gestion, fournira une base historique et statistique à toutes les études relatives aux industries du fer ; elle établira, pour la fin du xviiie siècle, les données qui se relieront à celles des publications officielles ultérieures et, en particulier, à celles de la *Statistique de l'industrie minérale*.

M. Bourgin s'est déjà servi de cette continuité de données et de cette base documentaire, qu'il a élargie en la reportant beaucoup plus loin dans le passé, pour entreprendre des *Recherches économiques sur l'industrie du fer en France*, qui paraîtront en une série de volumes in-8° dans la *Collection des travaux de l'Année sociologique*. Dans ces volumes, dont les travaux précédents établissent l'étendue et la solidité de la documentation, l'analyse totale d'une des industries les plus importantes des temps modernes, peut-être la plus caractéristique de l'époque contemporaine, conduira à la solution des problèmes généraux de l'économie.

Dans le premier volume, dont la rédaction s'achève actuellement, M. Bourgin traite le problème de la constitution et de la variation des espèces économiques. Les établissements et les institutions de l'économie appartiennent à des espèces différentes, qui se distinguent par les caractères de la vie économique, politique, sociale : quels sont leurs éléments constitutifs, comment se forment-elles, se différencient-elles, se combinent-elles pour former des espèces nouvelles, et, si elles varient, quelles sont les conditions de leurs variations? Tel est le problème que M. Hubert Bourgin a soumis à une investigation méthodique et pour lequel il fournira des solutions nouvelles fondées sur l'interprétation des statistiques, sur l'analyse des fonctions économiques, sur l'étude des conditions du marché. Ces solutions s'étendront à l'interprétation des phénomènes d'association, de composition, d'intégration des fonctions, à l'explication des caractères d'homogénéité et de spécialisation de l'industrie.

Dans les volumes suivants, M. Bourgin traitera les questions relatives à la forme et au fonctionnement des espèces définies. Comment se développent, grandissent, se propagent, dépérissent et meurent les espèces d'industries, quels sont les moments et les périodes de leur évolution, quelles en sont les conditions, c'est ce que permet de déterminer la série des études entreprises. Ces études embrassent tout le milieu économique dans lequel sont placées les industries du fer et de l'acier. Elles s'étendent à l'observation et à l'interprétation des variations de la production et de la consommation (variations quantitatives et qualitatives, variations globales et locales), des salaires et des prix (prix des matières premières, des produits bruts, des produits achevés, prix locaux, prix différentiels), du marché en général dans ses fluctuations. Elles recherchent et estiment les différentes réactions du fonctionnement économique (rapports avec la technologie) aux moyens d'action qu'on peut saisir dans l'activité des groupes économiques soumis à ces causes. Elles fournissent des résultats quantitatifs dont la rigueur et la constance peuvent être mises en lumière par des tableaux de concordance, des graphiques, des cartogrammes, et, d'autre part, nous font pénétrer dans la constitution des mentalités collectives qui composent la vie sociale.

Ainsi préparée et conduite, l'investigation scientifique

s'élève à l'explication des régimes et des systèmes de l'économie. Elle reprend, pour une élaboration et une interprétation nouvelles, l'analyse des faits et des institutions, des éléments de la production et de la répartition. Elle achève un cycle de publications qui est en même temps un cycle d'enseignement.

Dans leur diversité et dans leur succession, ces travaux présentent unité et progression. Nous y retrouvons l'application des mêmes principes de documentation exhaustive et critique, d'exposition objective, d'explication rationnelle.

Dans toute son œuvre, M. Bourgin s'est proposé de fonder des conclusions précises sur l'étude méthodique des faits. Tous ses travaux supposent des recherches historiques étendues et une documentation volumineuse et approfondie.

Mais en s'élargissant, son effort d'investigation s'est porté sur des problèmes de plus en plus généraux, et, sans abandonner l'étude des doctrines, qui stimule les recherches, s'est concentré sur l'observation et l'interprétation des faits euxmêmes. D'autre part, M. Bourgin a voulu que l'application de la méthode historique, l'utilisation des statistiques, le scrupule même de la documentation pussent servir à quelque chose de plus : il s'est proposé, soit pour les doctrines sociales, soit pour les faits économiques, de rechercher et de déterminer les facteurs généraux de connaissance et d'intelligence. Historien et statisticien, il fait œuvre d'érudition, mais il veut que l'érudition puisse être employée, avec la conscience de la légitimité de ses résultats, à l'élaboration d'explications rationnelles des faits. « Savoir plus pour comprendre mieux », comme il l'écrit dans l'*Avant-propos* de son dernier livre, tel est le but final qu'il se propose et qu'il propose à ses lecteurs.

Par application de la même méthode, l'enseignement de M. Bourgin, qui en a élaboré, au cours de ses recherches, les cadres et la matière, aurait pour objet d'exposer les éléments

de la science économique telle qu'elle se constitue par l'observation et l'interprétation positive des faits. Sans doctrine préconçue, sans autre souci que celui de la vérité, il établirait
sur une documentation renouvelée le traitement méthodique
des questions, l'explication des phénomènes, la démonstration
expérimentale des causes, et fonderait sur l'intelligence progressive de la réalité l'estimation des applications pratiques.

Imprimerie Téqui et Guillonneau, 3 bis, rue de la Sablière, Paris